나는 이웃을 위해 무엇을 해야 하는가
나는 사회를 위해 무엇을 해야 하는가
나는 나라를 위해 무엇을 해야 하는가
나는 인류를 위해 무엇을 해야 하는가

정법을 알고도 그럴 사람은 없습니다!

정법을 알고도 그럴 사람은 없습니다! ❶

초판 1쇄 발행 2019년(後紀 7年) 4월 3일
초판 6쇄 발행 2019년(後紀 7年) 9월 21일

말한이_眞政
기획_신경애
발행처_주식회사 정법시대
등록번호_제2018-000009호
Tel_(+82) 02. 2272. 1204
Fax_02. 2135. 1204
Homepage_www.jungbub.com
YouTube_www.youtube.com/jungbub2013
Vimeo_www.vimeo.com/jungbub2013
ISBN_979-11-89546-17-5 04810
ISBN_979-11-89546-16-8 04810(세트)

* 저작권자와의 협의에 의해 인지를 붙이지 않습니다.
* 저작권법에 의해 보호받는 저작물이므로 무단전재와 무단복제를 금지하며,
  이 책 내용의 전부 혹은 일부를 이용하려면 반드시 저작권자와
  주식회사 정법시대의 서면 동의를 받아야 합니다.

© 眞政

정법을 알고도
그럴 사람은
없습니다!

①

眞政

일러두기

책에 수록된 내용은 2011년 11월부터 유튜브에 올린 강의 중 일부를 선별하여
정리한 것입니다. 그 자료가 워낙 방대하기에 시간적 배열과 상관없이
그 중요성을 감안하여 차트별로 배열하였습니다.

질문자에 맞추어 강의를 한 것이기에 다소 중첩된 부분들이 들어있습니다.
하지만 그 부분 역시 그 질문에 충실한 답이 되기 위해서는
반드시 필요한 내용들이기에 이 점을 감안하여 편집하였습니다.

강의 내용을 글로 옮긴 것으로 최대한 강의 내용에 벗어나지 않도록 하기 위해
단어 선택에 있어서도 원문을 그대로 인용하였기에
표준어가 아닌 단어들도 많이 들어있음을 양지하시기 바랍니다.

차례

정법강의 53강 억세게 운 좋은 자 vs 지지리도 재수 없는 자 009

정법강의 118강 팔방미인, 어떻게 살아야 합니까? 019

정법강의 99강 유난히 남의 허물이 잘 보인다 025

정법강의 802강 착하게 vs 바르게 033

정법강의 2889강 나는 무엇을 하기 위해 이 세상에 왔는가? 041

정법강의 4268-4269강 사람이 미운 이유 053

정법강의 123강 아들, 딸이 어려워 도와주고 싶은데... 065

정법강의 157강 시어머니 모시기 073

정법강의 69-70강 대형마트의 지역 상권 점령, 달동네 재개발 083

정법강의 53강

억세게 운 좋은 자
vs 지지리도 재수 없는 자

강의일자: 2011. 02. 22.

QUESTION

최근에 어떤 책을 하나 읽다 보니까 세상에서 제일 재수 없는 사람이 살아 있을 때 벼락을 4번 맞았고 죽어서도 또 1번을 맞아서 5번을 맞았다고 합니다. 그리고 제일 재수 좋은 사람이 로또 복권을 5번을 맞았다고 하고 1등으로 수백 억을 딴 사람이 다 망했다는 이야기도 있습니다. 그런 악운과 행운은 어떠한 법칙에 의해서 작용을 하는 것인지, 아니면 그냥 어떤 인간의 행동에 의해서 작용을 하는 것인지, 특별한 기운이나 힘이 있는 것인지 말씀해 주십시오.

정법강의 53강 억세게 운 좋은 자 vs 지지리도 재수 없는 자

있습니다. 차 사고 나는 사람은 계속 차 사고가 나고 안 나는 사람은 안 납니다. 그리고 병원에 가는 사람은 이제부터 계속 병원으로 가야 합니다. 단골이 되는 것입니다. 벼락을 맞고 죽어 버리면 괜찮은데, 벼락을 맞고도 안 죽었으면 또 맞아야 합니다.

퀴즈를 잘해서 상을 탄 사람 있죠? 이 사람은 다음에 퀴즈를 해서 또 상을 탑니다. 그런데 어떤 사람은 아무리 똑똑해도 죽어도 상을 못 탑니다. 그리고 복권에 잘 당첨되는 사람은 늘 복권에 당첨됩니다. 여기서 이 사람이 한번 물어보겠습니다. 복권에 10번 당첨되어 잘 사는 사람 있습니까? 그런 사람이 있다면, 한 명만 데리고 와 보세요.

(복권을 맞은 사람의 거의 90%는 거지가 됩니다.)

90%가 아니라 아직 거지가 안 된 사람도 곧 거지가 될 것입니다. 절대로 잘살게 되어 있지 않습니다.

이것이 무엇이냐? 공부를 시키는 방법이 병원에서 해야 될 사람이 있고, 사기를 당하면서 해야 될 사람이 있고, 대자연의 에너지에서 해야 될 사람이 있습니다.

그리고 암과 같이 생명을 오가게 하는 병으로 공부를 시켜야 될 집안 줄

이 있고, 영혼과 차원세계를 접하면서 공부를 해야 될 줄이 있습니다. 또 절이라든지 교회라든지 도파에서 공부를 해야 될 사람도 있고, 시장 바닥에서 고구마를 팔면서 공부를 해야 될 사람도 있습니다.

인간이 살아나가는 데는 누구든지 수행을 시킨다는 사실입니다. 그런데 지금 수행시키는 것이 무엇인지 모르고들 있습니다. 현장에서 수행을 시키고 있는데 여기서 헤매고 있으면 어렵게 만들어서 산 속에 잡아넣는다든지, 절간으로 보낸다든지, 기도처로 보내는 일이 생기는 것입니다. 그런데도 계속 헤매고 있으면 병원에다 눕혀버립니다. 아픈 놈은 무조건 공부해야 합니다. 거기서 공부하라고 아프게 하는 것입니다.

예를 들어, 차에 치여 병원에 눕게 되면 무엇을 하겠습니까? 공부밖에 할 것이 없습니다. 그런데 공부를 어떻게 해야 되는 것인지 기초를 모르다 보니까 시간만 보내고 나오는 것입니다.

그리고 아픈 사람에게 문병을 가는 사람도 공부를 해야 합니다. 만일에 공부를 하지 않고 "아이고, 빨리 일어나라." 하면서 그냥 갔다 오면 또 다른 곳으로도 몇 번을 그렇게 문병가는 공부를 하게 됩니다. 문병은 가는 사람이 가지, 안 가는 사람은 안 갑니다. 이렇게 왔다 갔다 하면 공부가 크게 걸린 것입니다. 병원에 자꾸 가는 사람은 그 공부가 걸린 것인데, 공부를 하지 않으면 자신이 병원에 눕게 됩니다. 문상을 가는 사람도 마찬가지입니다.

그리고 봉사활동 다니는 사람도 마찬가지입니다. 그곳을 다니는 것은 너를 공부시키고 있는 것인데, 남을 도우러 간다고 착각을 하고 있는 것입니다. 돈이 좀 있다고 도왔다는 생각을 하는데, 몸이 성한 사람이 어려운 사람에게 가려면 물질을 조금 들고 가거나 직접 닦아 주거나 안아 주어야만 갈 수 있는 자격을 갖게 됩니다.

그리고 지금 봉사활동을 간다는 것은 가족 중에 누가 어려움에 처해서 남의 도움이 필요한 수급자가 되든지 아니면 네가 직접 수급자가 되는 줄이 가까이 왔다는 것입니다. 그렇기 때문에 그 공부를 시키고 있는 것입니다.

수급자 공부가 멀리 있으면 책을 본다든지 누구에게 이야기만 듣게 됩니다. 그런데 어려운 사람에게 직접 간다는 것은 그런 일이 곧 닥쳐올 것이니까 현장 학습을 가는 것입니다. 이런 것을 모르고 그냥 돕는다는 생각으로 봉사를 많이 다니다 보면 자기가 모가지 졸라 죽을 일이 생기는 것입니다. 요즘 연예인들의 자살이 많지요? 그들에 대해서 이야기하는 것을 들어보면, 전부 다 봉사활동을 다니면서 착한 일을 했다고 합니다. 착한 일을 많이 한 사람이 죽으면 되겠습니까?

왜 그런 것이냐? 그런 곳에 가서 깨우칠 수 있는 조건을 주었는데도, 공부는 안 하고 남을 도왔다고 히히덕거리니까 조금 있으면 네가 죽어야 되는 것입니다. 우리는 지금 뭔가 엄청난 것을 분별하지 못하고 있습니다.

우리 국민의 수는 2차 대전 이후로 지금까지 딱 배倍가 불었는데 복지수급자는 몇십 배, 몇백 배가 불었습니다. 이것은 줄어들어 본 적이 없습니다. 3차원은 주파수가 오르락내리락(/\/\/\ )하는 모양으로 흐릅니다. 그런데 비틀어져 나가면 오르락내리락하지 않고 무조건 위로만 올라갑니다.
국민은 딱 배가 불었는데 어떻게 복지수급자는 수십 배가 불어납니까? 이것은 우리가 잘못하고 있었기 때문에 더 큰 비용을 들여가면서 공부를 해야 된다는 사실입니다. 그래서 우리가 열심히 일해서 창출하는 에너지 중에서 복지수급자에게 들어가는 에너지가 더 많은 부분을 차지하게 되는 것입니다.
앞으로 이대로 가면, 아무리 벌어 넣어도 모자랍니다. 안 그러면 눈 감고 아웅해야 하는 꼴이 납니다. 이것을 정리하면 그 비용이 들지 않을 뿐만 아니라 우리도 그런 일을 당하지 않게 되어 복지수급자가 줄어들기 시작합니다.
깨우치라고 자꾸 이런 일이 생기는데, 공부는 하지 않고 자꾸 더 돕자고 하면 수급자가 더 생기는 꼴이 되는 것입니다.

이런 것들을 이제는 연구해야 합니다. 오늘날 지식을 갖춘 사람들은 이때까지 보고 살아온 모순들을 통해서 세상에 풀지 못하는 답을 꺼내야 합니다. 그런데 이런 일들은 하지 않고 남이 어떻게 하니까 우리도 그런 것을 하자고 한다면, 우리도 또 교과서가 되어야 하는 것입니다.

우리에게 다가오는 것은 모두 자신의 공부입니다. 벼락을 맞은 사람이 살았다면 그것으로 공부를 해야 하고, 사기를 당했다면 지금 공부하라고 사기를 치는 사자使者를 보낸 것입니다. 그 사람을 원망하라고 보낸 것이 아닙니다.

사기는 처음부터 크게 당하지 않습니다. 작은 것부터 당하기 시작하는데, 그것을 원망하고 있으면 시간이 지난 후에 더 큰 사기를 당해야 되는 것입니다. 사기는 당한 놈이 자꾸 당하는 것이지 처음부터 크게 당하는 법은 없습니다. 원망을 하면 또 당해야 됩니다. 그런데 또 원망을 했다? 또 당해야 됩니다. 나는 죽어도 안 당한다고 생각한다면, 조금 있어 보면 분명히 또 당합니다.

요즘 주위 친구들에게 사기를 당했다는 소리를 직접적으로 자꾸 듣게 된다면, 내가 사기 당할 때가 다가온다는 소리입니다. 지금 그것을 듣고 있다면, 남의 일로 보지 마십시오. 나에게 들리고, 보이는 것은 내 것입니다.

이런 것을 쓸어 마시면서 '지금 나에게도 이런 것이 온다는 말인가?' 하면서 조금만 깊이 생각을 하고 들어가면, 이 공부를 했기 때문에 나에게는 그런 것이 오지 않는 것입니다. 그런데 이런 것을 놓치고 간다면 정확하게 당하면서 누군가에게 그 소리를 하게 된다는 것입니다. 그래서 누가 암이 걸렸다, 누가 요새 풍으로 자빠졌다는 소리가 많이 들린다는 것은 나에게도 지금 오고 있기 대문에 들리고 보이는 것입니다.

나에게 올 일이 아니라면 내 눈과 내 귀에는 안 들리게 되어 있습니다. 그쪽 주파수를 놓고 그런 환경에 가지도 않을 것입니다. 나는 잘나가니까 텔레비전에서 떠들어도 시간이 없어서 그것을 못 봅니다. 그런데 텔레비전을 보면서 "나쁜 놈의 새끼들, 이러면 안 되는데…" 하면서 이런 것을 많이 보는 사람은 너도 그 일을 당할 때가 다가온다는 것입니다. 안 당하려면 안 보는 것이 최고인데 보지 않을 수가 없는 것입니다. 이런 것들이 대자연에서 우리에게 다가오는 질서이며, 대자연은 0.1mm도 틀리게 운용하지 않습니다.

정법을 알고도
그럴 사람은
없습니다!

정법강의 118강

팔방미인,
  어떻게 살아야 합니까?

강의일자: 2011. 12. 20.

QUESTION

모든 것을 뛰어나게 잘하는 사람을 팔방미인이라고 합니다. 그러나 이런 팔방미인 대부분이 그렇게 잘 살지 못합니다. 이들은 어떻게 살아야 합니까?

팔방미인은 잘생겨서 팔방미인이라고 하는 것이 아니라 다방면으로 소질도 있고 생긴 것도 어느 정도 잘생긴 사람을 말합니다. '잘생겼다'는 것은 소질도 다양하게 가지고 있다는 것입니다.

우리가 질 좋은 것은 가격을 많이 받습니다. 그래서 못생긴 사람은 가격을 적게 쳐주지만, 잘생긴 사람은 많이 쳐줍니다. 이것은 대자연의 법칙입니다. 왜? 질 좋게 만들어 놓은 사람은 이유가 있기 때문에 많이 받는 것입니다. 그래서 팔방미인이 되면 굉장히 인기가 있는 것입니다.

그런데 팔방미인이 젊을 때는 인기가 있는데, 나이가 들면 외로워집니다. 왜 그러하냐? 젊을 때 자신의 소질을 바르게 쓰지 못했기 때문입니다. 자신의 소질을 바르게 썼더라면 추앙받는 사람이 되고 존경받는 사람이 될 수 있었습니다. 그런데 팔방미인으로 소질을 잔뜩 가지고 있고, 오행도 좋은 사람이 어려워지는 이유는 자신의 삶을 잘못 살았기 때문입니다.

그러면 어떻게 살아야 바르게 사는 것이냐? 자신이 가지고 있는 소질을 남을 위해 써야 합니다. 잘난 척하며 기분을 풀어서는 안 됩니다. 잘난 소질을 남에게 도움이 될 수 있게 써야만 존경받기 시작하고, 주위로 사람이 몰려들기 시작합니다. 오행도 그럴 만하니까 따르기 시작하는 것입니다. 그래서 주위에 무리가 일어나 그들이 내 백성이 되는 것입니다. 팔방미인에게는 재주를 많이 주었으니까 다른 사람이 모르는 것도 잘 압니다. 그런데 다른 사람에게는 그런 재주를 주지 않았으니 팔방미인이 아는 만큼 잘 모릅니다. 이런 것을 가지고 자기는 안다고 다른 사람에게 "이것도 못하냐?"고 하며 자꾸 질책을 합니다. 그러면 처음에는 받아 주는데, 자꾸 질책하면 떠납니다. 두시당하기 때문입니다.

하느님이 좋은 재주를 주었는데 그것으로 다른 사람을 무시하는 데에 써 버리면 사람이 자꾸 떠나고 내 주위에 사람이 오지 않습니다. 그렇게 할 때마다 사람을 쫓아내는 것이 됩니다. 내가 좋아서 오는데 자꾸 쫓아내니 주위에 사람이 없어지는 것입니다. 나의 궁전을 세우지 못한다는 말입니다.

나에게 주어진 재주로 궁전을 이루어 널 수도 있고 나라를 만들 수도 있는데, 이것을 잘못 써 버리니까 사람들이 왔다가 다 떠나 버리는 것입니다. 그래서 나중에 깡통을 차게 되는 것입니다.

그리고 또 팔방미인은 아는 것이 많다 보니 간섭할 것이 많습니다. 그런데 간섭하러 다니는 것도 경비가 듭니다. 경비는 경비대로 들고 사람은 떠나고, 자꾸 그러다 보면 기본적으로 준 자산도 다 없어지게 됩니다. 창출이 일어나면 살기가 좋을 텐데 사람이 다 떠나 버렸으니 이제는 그것도 안 되는 것입니다.

사람이 떠나면 내가 가진 것도 모두 떠나게 됩니다. 이것은 기본 원칙입니다. 건강도 나빠지고, 좋았던 에너지도 다 빠져나가서 나중에는 불쌍하게 되는 것입니다.

그래서 팔방미인은 자신이 가져 온 기본 재주를 어떻게 잘 써야 하는지, 이것이 얼마나 소중한 것인지, 하느님이 자신에게 어떠한 혜택을 주고 무엇을 하라고 지금 이 땅에 보냈는지, 이런 것을 정확하게 공부해야 합니다.

그런 사람이 이런 공부를 할 수 있는 스승을 만난다면, 만백성에게 아주 필요한 사람이 될 수 있습니다.

정법강의 99강

유난히 남의 허물이
        잘 보인다

강의일자: 2011. 12. 17.

QUESTION

상대와 대화를 하다 보면 유난히 상대의 허물이 잘 보입니다. 이럴 때 예전에는 일일이 입을 대면서 그러면 안 된다고 지적을 했습니다. 그러나 지금은 그렇게는 하지 않지만, 속으로 '저것만 고치면 되겠는데…' 싶어 답답해집니다. 그래서 이제는 지적은 아니지만 상대를 위해 말을 해줄까 하는데, 말하려는 순간 또 '할까? 말까?' 하고 망설여지게 됩니다. 이럴 때 어떻게 해야 합니까?

우리가 일상생활에서 사람을 만나다 보면 모순점을 많이 보게 됩니다. 이런 모순을 보는 데에는 이유가 있습니다. 그런데 그 이유를 찾지 못하면 내가 선생 노릇을 하려고 듭니다. 내가 선생 노릇을 하게 되면 어떻게 되느냐? 내 모순이 보이지 않습니다. 30년이 지났는데도 내 모순이 찾아지지 않고 남의 모순만 자꾸 보게 됩니다.

그런 식으로 시간이 지나면, 내가 사는 것이 분명히 답답해지고 어려워집니다. 계속 성장하여 여유롭고 질 좋은 삶을 살아야 될 사람이 질이 낮은 삶을 살고 있다는 것입니다.

우리가 모두 이렇게 낮은 삶을 살아야 되는 것이 아닙니다. 크고 훌륭하게 살아야 되는 사람도 있고, 평범하게 살아야 되는 사람도 있는 것입니다. 그런데 훌륭하게 살아야 될 사람이 일반인하고 섞여서 산다면 엄청나게 비참한 삶을 살고 있는 것입니다. 그 사람이 바르게 성장하고 공부했더라면 훌륭한 사람으로 살고 있을 것입니다. 그런데 지금 일반인들과 섞여서 낮은 삶에서 벗어나지 못하다 보니 남의 허물이 보이는 것입니다.

남의 허물은 어떻게 해서 보이느냐? 차이가 나기 때문에 보이는 것입니다. 보이는 사람은 질량이 조금 위에 있는 것입니다. 일반인이 자꾸 모순되게 사는 것은 일반인들의 질량을 가지고 있기 때문입니다. 그러니까 위에서 바라보니 당연히 보이는 것입니다. 위의 질량을 가진 사람에게 아래의 것이 보이지 아래 질량을 가진 사람에게 위의 것이 보이지 않습니다.

내가 위의 질량이라고 하면서 그 사람을 바르게 이끌어 주지 못한다면, 내 실력이 모자란 것이니 입을 떼지 말아야 합니다. 당신이 그것을 공부해야 되기 때문에 그 자리에 둔 것입니다. 그러니 모순이 보여도 입을 떼지 않고 겸손하게 유심히 관찰하면 그것을 깨우치게 됩니다. 그러면 그 순간에 당신은 당신의 자리로 갈 수 있도록 지위가 바뀝니다. 끼우쳐서 알고 나면 그 사람의 근기에 맞게 가르칠 수 있는 사람이 되어 지위가 높은 사람으로 바뀌게 된다는 말입니다.

그런데 상대의 모순된 행동을 보면서 '왜 저렇게 살지? 이렇게만 하면 될 텐데...'라고 생각하는 사람은 절대 성장하지 못합니다. 30년이 가고, 50년이 가도 그 소리를 계속합니다. 그러면서 나의 본 위치로 가지 못하고 그런 사람들과 같이 삽니다. 거기서 한 뜸을 넘지 못해 평생 동안 그렇게 살다가 죽습니다. 이것은 굉장히 무서운 말입니다. 내 인생을 한 뜸도 살지 못하고 그 안에서 한 계단을 뛰어넘지 못해서 인생을 허비해 버리는 것입니다. 그러니까 답답하고 환장하는 것입니다. 모순이 많은 사람은 많이 보이지만, 내가 성장하지 못해서 그 사람들을 바르게 이끌어 주지 못하는 것입니다. 바르게 이끌지 못하면, 모순된 행동을 하는 사람이 더 많이 생길 수밖에 없습니다. 나에게 그런 사람을 보여 준다는 것은 위의 사람이기 때문에 공부 재료를 자꾸 보여 주는 것입니다.

큰 사람 한 명을 키워내기 위해 아랫사람들이 얼마나 많이 희생하는 줄 압니까? 큰 사람 한 명을 깨우치게 하려고 수많은 아랫사람들이 희생을 하며 모순을 만들고 있는 것입니다. 아랫사람들은 모순 속에서 힘들게 살지만, 이것을 보고 한 사람만 깨쳐 준다면, 깨친 사람이 세상을 살아가는 패턴을 바꾸게 되어 아랫사람은 거기에서 공답을 얻게 되는 것입니다.
그런데 그런 것을 깨쳐야 할 사람들이 공부를 하지 않다 보니 깨치지를 못하고 자꾸 간섭만 하는 것입니다. 그러면 아랫사람들의 인생도 헛 인생이 되어서 나중에 자신의 모순에 대해 자꾸 이야기하는 사람을 미워하게 됩니다. 아랫사람들로부터 존경받는 인생으로 바뀌어야 하는데 미운 소리를 들어가며 살아야 되니까 미치는 것입니다. 아랫사람들의 인생이 잘못되는 것은 바로 윗사람 탓이기 때문입니다. 아랫사람들에게 은근슬쩍 허물을 말해 주면, 앞에서는 듣는 척하지만 돌아서서 욕을 하는 것입니다. 그래서 욕먹고 사는 인생이 되어 버립니다.
상대의 모순이 보이는 것은 상대를 희생시키면서 공부 재료를 주고 있는 것입니다. 이런 것들을 아주 깊이 겸손하게 보면서, 자신이 풀지 못하고 이해시키지 못할 것 같으면 마음으로 피눈물을 흘리면서 자신의 공부로 삼아야 합니다. 그렇게 100일이라도 노력을 한다면 보이는 것이 조금 달라질 것이고, 3년을 기도하듯이 공부하면 이제부터 정확하게 설명도 할 수 있고 이것이 크게 보이기 시작합니다. 그리고 7년을 입 다물고 피눈물을 삼키며 그 과정을 보면서 겸손하게 산다면 상대가 물어올 것이고, 그때 바르게 풀어 주어 바른 인생을 살게 해 줄 수 있습니다. 이러한 패러다임이 나오면 사회에 크게 공헌할 수 있는 선생이 되어서 강의도 할 수 있습니다. 많은 사람이 물으러 오고 가르침을 받으며 나를 추종하고 따르기도 할 것입니다.

그런데 이런 인생을 살 수 있는 기운을 가졌음에도 아랫사람들이 잘못한다고 '왜 저렇게 사느냐?'고 하면서 멸시를 하고 있습니다. 나도 모르게 멸시한다면, 정확하게 성장하지 못하고 결국은 그 사람들에게 치이면서 살게 됩니다. 그래서 자신의 발전이 없는 것입니다.

우리는 다 같이 자기 몫을 하기 위해 세상을 살아갑니다. 그러나 그 중에서도 똑똑하다는 사람과 조금 기운이 크다는 사람들은 백성들의 피와 땀을 거름으로 먹고 성장했기 때문에 아랫사람들을 위해서 살아야 합니다. 이런 사람들이 남의 것이 보이는 사람들입니다. 남의 것이 보이지 않는 사람들은 그러한 소리조차 할 수 없습니다.

남의 것이 보이는 사람들은 분명히 위의 기운을 가지고 있는 사람입니다. 그러나 자신이 할 수 있는 역할을 해내지 못한다면 어려움 속에서 벗어나지 못합니다. 이해됩니까? 正

정법강의 802강

착하게 vs 바르게

강의일자: 2012. 10. 06.

QUESTION

착하게 사는 것과 바르게 사는 것은 다르다고 말씀하셨는데 아직까지 그 둘이 제대로 분별되지 않습니다.

정법강의 802강 착하게 vs 바르게

바르게 사는 것과 착하게 사는 것, 이것을 어떻게 분별하느냐? 냉철한 것을 바른 것이라고 합니다. 예를 들어, 자식이 돈을 조금 부탁하는데 내 자식이니까 내 것이 모두 자식 것이라고 생각하고 돈을 그냥 준다면 이것은 바른 분별이 아닙니다. 자식이 돈을 부탁하면 어디에 쓸 것인지, 이 돈을 주어도 되는지를 먼저 알아보아야 합니다.

자식이 이유도 설명하지 않고 그냥 돈을 달라고 할 때는 눈에 흙이 들어오는 한이 있어도 줄 수 없다고 해야 합니다. 그러나 자식 이야기는 들어보지도 않고 그냥 "내 눈에 흙이 들어와도 안 돼!"하는 것은 고집입니다. 먼저 대화를 해본 뒤 돈을 주면 안 되겠다는 분별이 섰을 때, 이유를 설명해주며 안 된다고 하면 됩니다. 자식이 돈을 원할 때는 돈을 받아가야 하는 이유를 이해시켜보라고 해야 합니다. 그렇게 해서 이해가 된다면 선뜻 돈을 줄 수 있습니다. 이것이 바르게 분별하는 것입니다.

또 다른 예로, 끼니도 잇지 못할 정도로 어려운 친구가 있다고 합시다. 이 친구를 도와주어야 합니까, 도와주지 말아야 합니까? 이 친구의 어려움을 보면서 그냥 가는 것이 바르고 냉철한 것입니다. 친구가 먼저 자기 입으로 돈을 빌려 달라고 이야기하지 않으면 절대로 돈을 주면 안 됩니다. 그런데 만일 친구가 먼저 돈을 빌려달라고 이야기를 한다면 그때는 친구도 자존심을 낮추고 이야기하는 것이니, 돈이 왜 필요한지 그 이유를 들어보아야 합니다. 그리고 어디에 쓴다고 하니 빌려는 주겠지만 언제까지 빌려주는 것인지 기한을 정하는 등 조건을 내걸어야 합니다. 친구의 설명을 듣고 그 친구를 신용하는 만큼 돈을 주어야 합니다. 절대로 그냥 주면 안 됩니다. 돈을 그냥 주면 친구는 비굴한 짓을 한 것이 되고 나는 윗사람이 되는 것입니다. 돈은 분명하게 거래해야 합니다. 그렇게 하면 친구가 이 돈을 언제까지 갚겠다고 하겠지만, 이 돈은 절대 갚을 수 없게 되어 있습니다. 이 돈을 갚지 못하면 다음에 분명히 또 빌리러 옵니다. 이때는 눈에 흙이 들어와도 주지 말아야 합니다. 만약 한 번 더 돈을 빌려주게 되면 이 친구는 갈수록 면역이 떨어집니다. 쉬운 방법으로 돈을 구했기 때문에 친구는 두 번 다시 일어날 수 없습니다. 자신이 가진 것을 다른 사람에게 주는 것이 어렵다고 생각하지만 있을 때 주는 것은 굉장히 쉽습니다. 오히려 있는데도 주지 않는 것이 더욱 어렵습니다. 의리가 무엇인지, 진정으로 그 사람을 위하는 것이 무엇인지를 생활 속에서 분별하는 공부를 했어야 했는데 이것을 못했던 것입니다.

그러므로 친구가 한 번만 더 빌려달라고 할 때는, "전에 약속하지 않았느냐? 그 돈부터 갚고 나서 그때 의논하자." 하면서 딱 거절해야 합니다. 의리가 상하더라도 그렇게 하는 것이 친구를 위하는 것입니다. 그러면 친구는 괘씸하다고 욕을 하면서 의절하고 갑니다. 그때는 가게 해 주어야 합니다. 그것이 친구입니다. 이 친구가 어려움을 이겨내고 길을 찾아 스스로 문제를 해결하게 되면 나중에 다시 옵니다. 그때 거절해준 것을 고마워하며 분명히 옵니다. 그리고 그때 갚지 못했던 돈도 가지고 옵니다. 그 돈을 갚지 못할 때는 못 옵니다. 친구의 오기를 일으켜서 바른 인생을 살도록 내몰아준 것입니다. 이것이 바른 친구이고, 의리입니다. 조금 이해가 갑니까?

QUESTION

그러면 저희는 스승님 강의를 들어서 그렇게 의리를 지키면서 간다지만 상대들이 서운해서 떠나면 그것도 참고 가야 합니까?

그 사람은 지금 나를 떠나야 자신의 힘을 갖습니다. 내 옆에 붙어 있어 면역이 떨어졌기 때문입니다. 왜? 내가 친구라고 자주 만나주고 어렵다고 이야기할 때마다 같이 술 한 잔 마시면서 괜찮아질 것이라고 달래주고 하는 바람에 친구가 자기계발을 하지 못하고 있다가 보니까 이 사회에 뒤쳐진 것입니다. 그 책임이 나에게 있습니다. 이런 원리를 알았든 몰랐든 한 번은 그럴 수 있지만, 두 번째도 그랬다면 '내가 친구를 나태하게 만들었구나.' 하고 반성해야 합니다. 그래서 아픔을 참고 친구를 대하는 것이 내가 할 일입니다.

그때는 친구가 떠나게 해 주어야만 합니다. 이 친구는 홀로 다른 곳에서 스스로를 이겨내면서 다시 자신을 만들어야 합니다. 그렇지 않으면 면역을 키워주지 못하고 시간만 내버린 꼴이 되는 것입니다. 그래서 친구가 오늘 이만큼 어려워진 것입니다.

지금 우리는 친구의 개념도 잘못 알고 있습니다. 그래서 나중에는 원수가 되는 것입니다. 그러면 친구인지는 어떻게 알 수 있느냐?

친구는 50세가 되어야 표가 납니다. 50세가 되어야 비로소 친구를 사귈 수 있는 것입니다. 청년들이 배운 것도 없고 깊이도 없는데 무엇으로 친구가 된단 말입니까? 우리가 서로 인연이 되어서 같이 노력을 하다가 지천명이 되면 이제 분별하고 알 때가 됩니다. 이때 상대방이 친구인지 아닌지를 분별하는 것입니다. 젊을 때 만나는 것은 같이 가다가도 언제든 깨질 수 있는 인연이지 친구가 아닙니다. 서로가 평생을 함께하고 영혼이 되어서도 떼어놓지 못하는 것이 친구입니다.

서로 도움을 주는 인연들이 만나서 잘 도우면서 50세까지 갔다면, 그래서 서로가 뜻이 맞고 서로에게 감사를 느낄 때 비로소 친구가 되는 것입니다. 친구 한 명을 얻었다면 인생을 멋지게 산 사람입니다. 이제부터 외롭지 않고 남은 인생을 멋지게 마무리하며 살 사람이라는 것이 거기에서 딱 표가 나는 것입니다. 그때 인생을 바르게 잘 살았다라고 이야기하는 것입니다. 그때부터는 삶이 절대 어그러지는 법이 없습니다. 툭하면 '내 친구'라고 하던데, 이 사람이 볼 때 아직 친구는 하나도 없습니다.

정법강의 2889강

나는 무엇을 하기 위해
이 세상에 왔는가?

강의일자: 2014. 06. 22.

QUESTION

저희가 이 세상에 올 때는 모두 역할을 하러 온다고 하셨는데, 저희는 그 역할을 잘 모릅니다. 공부를 하면서 우선 본인이 갖춰야 된다는 말은 들었지만, 항상 그것이 궁금했습니다. 과연 나는 무엇을 하기 위해서 여기에 왔는가를 잘 알 수 있는 방법이 있을까요?

정법강의 2889강 나는 무엇을 하기 위해 이 세상에 왔는가?

이 사람은 지금 우리 국민들이 어떠한 품성인지 잘 알고 있습니다. 훌륭한 일을 하고 싶고 뜻있는 삶을 살고 싶어 합니다. 우리가 왜 부자가 되려고 하겠습니까? '돈을 벌면 나도 뜻있는 큰일을 하고 싶다'라는 것입니다. 돈을 벌면 나 혼자 맛있는 것 사먹고 그냥 내 욕심으로 살고 싶어서 벌려고 하는 것이 아닌 줄 알고 있습니다.

그러나 무엇이 옳은 일이고, 지금은 무엇을 할 때이고, 나중에는 무엇을 해야 하는지 이 원리는 알아야 합니다. 주먹구구식으로 좋은 일을 하고 싶다? 이것은 지식사회에서 먹히지 않습니다. 무작정 좋은 일 한다고 해서 "좋은 일을 어떻게 할래?" 하고 물으면 "없는 사람들 좀 나누어주고…" 이렇게 대답합니다. 왜 꼭 여러분이 나누어주어야만 합니까? 내 돈을 내가 손에 쥐고서 내가 인심 쓰는 것처럼 공치사를 할 필요가 있습니까?

경제라는 에너지는 이 사회의 것이지 개인의 것이 아닙니다. 그래서 바르게 쓸 줄 아는 자에게 이 돈이라는 경제를 맡길 것입니다. 바르게 쓸 줄 모르는 자가 이 경제를 가지고 있으면 인생을 낭비하게 되어 있습니다.

우리는 뜻있는 일을 하고 싶어 합니다. '이웃을 위해서, 나라를 위해서, 인류를 위해서, 빛나는 인생을 살고 싶다.'라고 한다면 공부를 해야 합니다. 다시 말해, 내가 누구인지는 알아야 합니다.

우리는 홍익인간입니다. 오늘날 우리 50대, 60대 분들은 홍익인간 1세대들로서, 지금 다 성장을 했습니다. 후배들은 홍익인간으로 크고 있는 중입니다. 여러분이 지천명이 되면 완전한 홍익인간의 삶을 살 것입니다. 지금은 먼저 지천명이 된 베이비부머들부터 홍익인간이 되었습니다. 이분들은 완전한 홍익인간이고, 자라나오는 세대들은 아직 성장하고 있는 것입니다. 그래서 우리가 누구인지 공부를 해야 한다는 것입니다. 그렇다고 하여 이것을 알기 위해 어디를 쫓아다닐 필요가 없습니다. 집에서 인터넷으로 그냥 들으십시오. 자신이 누구인지 알고 무엇을 해야 할지, 이 법문을 들으면 스스로 자신을 알게 됩니다. 법문으로 먼저 공부부터하면 지금까지 알고 있던 지식과 모든 환경들이 퍼즐로 다 맞춰집니다. 이것을 마무리 공부라고 하는 것입니다.

우리는 저마다 소질을 갖추고 저마다의 환경에서 다르게 성장을 했기에 부분밖에 모르는 것입니다. 그동안은 기초를 공부해 놓은 것입니다. 시장에 있었던 사람은 시장에서 흡수할 것들을 접하며 흡수했습니다. 이것도 지식입니다. 고구마 장사도 지식을 갖추고 있는 것입니다. 그런데 한 분야의 지식만 갖추다 보니 지금 널리 활용이 안 되는 것입니다. 이것을 이 사람이 마무리시켜주는 것입니다. 기초는 되어 있으니까 이것저것 조금씩 여러 분야를 알게 해서 오만가지 분야를 알 수 있도록 강의를 내어 주는 것입니다.

3년 동안 여러분이 열심히 흡수하면서 공부를 하면 자신도 모르게 저절로 문리가 터집니다. 상대가 하는 말을 들으면 답이 스스로 나오게 된다는 말입니다. 이것을 1차적인 지혜가 열린다고 하는 것입니다. 무엇을 접하면서 어떻게 해야 할지 분별을 하는 것입니다. 이런 마무리 공부를 지금까지 못하고 있었던 것입니다. 이런 공부는 사찰과 교회에서 시켜주었어야 했습니다. 책에 쓰여진 것만 자꾸 이야기할 것이 아니라, 사람의 근기에 맞게 이해를 시키며 성장시켰더라면, 오늘날 우리 국민들이 무엇을 해야 하는지를 알았을 것입니다. 바르게 사는 법칙을 알고 세상에 바르게 접근했더라면 누구도 어려움을 겪지 않고 아프지도 않았을 것입니다.

이제부터는 이런 것을 공부해야 합니다. 이 공부를 하는 동안 우리나라가 크게 변화를 일으킬 수 있는 작업이 시작될 것입니다. 나에게만 좋은 일거리가 생긴다고 될 일이 아닙니다. 국민들이 사는 패턴이 바뀌어야 합니다. 그렇게 되기 위해 지식인들과 우리 사회의 책임자들이 손을 잡고 일을 할 것입니다.

우리가 그동안 개미같이 일하고 생산하여 힘을 가졌습니다. 그러나 앞으로는 이 힘을 얼마나 잘 운용해서 빛나는 사회를 만들 것인가를 생각해야 합니다. 고생 끝에는 낙이 오는 법입니다. 우리가 얼마나 많은 고생을 하며 이 나라를 이만큼 일으켜 놓았습니까? 이렇게 잘 만들어 놓은 사회를 바르게 운용하지 못해서 빛을 내지 못하고 즐거움을 일으키지 못한다면, 그 동안의 고생은 전부 헛수고가 됩니다.

지식인들은 우리 국민들이 열심히 일해서 이루어 놓은 이 사회 안에서 공부하며 자랐습니다. 이런 지식인들이 모여 이제 사회를 바르게 만들어나갈 수 있도록 연구도 할 것입니다. 그 동안에 우리 국민들은 정법으로 개념을 바꾸는 공부를 해야 합니다. 공부할 동안에는 살아가는 데에 필요한 것, 어려워졌던 것, 잘못되었던 것을 다 잡아 줄 것입니다. 100일을 열심히 공부하면 기본적인 것들은 다 다스려 줄 것이고, 3년을 열심히 하면 해결되어야 할 문제들이 어느 정도 해결될 것입니다.

자식이 공부할 때 부모가 돕습니까, 안 돕습니까? 자식이 공부를 해야 부모가 혼신을 다해 뒷바라지 하는 것입니다. 하느님은 우리 부모님입니다. 부모님은 우리가 해야 할 일을 할 때는 우리를 보호해 줍니다. 그러나 공부할 시기에 공부는 안 하고 엉뚱한 짓을 계속 하면 회초리를 듭니다. 피눈물을 흘리면서도 회초리를 드는 것이 부모님입니다. 그래서 두들겨 맞는 것입니다. 왜 우리가 지금 혼나고 어려워지는

지 그 근본을 모르고 있습니다. 누가 남 탓을 하라고 했으며 왜 남 탓을 하면서 사느냐는 것입니다. 이것이 매 맞는 순서 1번입니다. 어려워지면 자신을 돌아보아야 합니다. 자신에게 문제가 없는지를 살펴야 합니다. 그래야 어려움이 풀립니다. 노력도 안 하는 자를 돕는 신은 없습니다.

40대, 50대 주부들은 세상의 리듬이 바뀌어야 할 일이 있습니다. 세상이 이대로 가면 주부들은 할 일이 아무것도 없습니다. 그릇 씻는 일밖에 더 하겠습니까? 그러나 전부 다 필요한 사람이 될 것입니다. 진짜 여성상위시대가 오게 된다는 말입니다. 여성들이 하는 일이 얼마나 세상에 큰 빛을 내는지를 알아야 하며 이것을 바르게 운용하면 그 그림이 보입니다. 우리 여성들은 전부 다 할 일이 있습니다. 그래서 지금까지 우리들을 키워놓은 것입니다. 우리의 할 일이 다 나올 테니 걱정하지 마십시오.

지금은 공부시간입니다. 3년만 우리가 열심히 공부하고 있으면 이 나라의 패러다임이 바뀌게 될 것입니다. 만약 바뀌지 않으면 이 나라는 쓰러질 수밖에 없는 환경이 됩니다. 이 나라가 지금 운용하고 있는 패턴은 물건을 생산해서 팔아 먹고사는 것입니다. 이것만으로는 이 나라의 복지 딜레마를 해결할 수도 없고, 국민들의 숨통은 막힐 것입니다. 이

대로라면 부익부빈익빈은 정확하게 더욱 벌어지게 되어 있습니다. 지금까지 열심히 일해서 고생을 했는데, 경제를 바르게 운용을 할 수 있는 대안을 끌어내지 못한다면 평화는 절대로 이루어질 수가 없습니다. 우리의 즐거움도 일어날 수 없습니다. 이 나라가 잘못된 것 같지만 잘못되지 않았습니다. 정확한 방법으로 만들어져 있습니다. 국민들이 열심히 일을 해서 경제를 일으키면 경제를 잘 보관할 사람들이 보관을 하는 것은 나쁜 것이 아닙니다. 아직까지 새로운 패러다임이 나오지 않고 운용이 잘 되지 않아 지금 어려운 것입니다. 이제 우리가 가진 힘을 어떤 방향으로 뻗어나가게 하는가에 따라 우리 삶의 판도가 달라집니다.

우리는 뼈 빠지게 일하는 민족이 아닙니다. 이제 일하는 것은 끝났습니다. 새로운 패러다임이란 일하면서 먹고사는 것이 아니라 누군가를 도우면서 먹고사는 것입니다. 우리 국민들은 남을 돕는 것을 좋아합니다. 이제 진짜 돕는다는 것이 무엇인지, 진짜 봉사가 무엇인지, 진짜 복지가 무엇인지 나옵니다. 바른 봉사와 복지란 우리 비용을 들여서 하는 것이 아니라, 스스로 일이 돌아갈 수 있도록 하는 것입니다. 비용을 들이면서 봉사하러 가는 것은 자신의 공부를 위해 학원비를 주고 가는 것입니다. 그런데 남을 도왔다고 잘못 생각을 하고 있으니 더 어려워지는 것입니다.

어디든지 마찬가지입니다. 시간과 돈을 투자해서 간다는 것은 배우러 가는 것이어야 합니다. 그런데 그렇게 다녀와서 남을 도왔다고 말하면 어려움을 당하게 되어 있습니다. 깨닫지 못하고 자꾸 그러고 있으면 어느 정도 질량이 찼을 때 두드려 맞습니다.

다시 말하지만, 돈을 주고 다닌 것은 배우러 다닌 것입니다. 김치 한 포기를 들고 누군가에게 갔던 것은 그 사람에게 배울 것이 있어서 간 것이지 그 사람을 도운 것이 아니라는 것입니다. 사람에게 접근할 때는 물질을 가지고 가야 접근할 수 있습니다. 그곳에서 하나라도 배워 왔다면 김치 한 포기 값은 엄청나게 비싼 값어치를 한 것입니다. 그곳에서 뭐라도 보고 느끼고 와서 하나씩 정리해 놓아야 사회에 큰일을 할 수 있습니다. 이런 공부의 원리를 몰랐다는 것입니다. 지금부터라도 온 국민이 전부 다 공부할 수 있는 길을 열어줄 것이니 너무 걱정하지 말고 공부만 하고 계십시오.

공부하고 자신을 갖춘 사람은 하느님이 절대로 놀게 놓아두지 않습니다. 기본공부는 해 놓아야 사회에 접근할 수 있는 바탕이 됩니다. 그래서 이 사회에 지식인들이 나와서 사회의 모순을 정리하고 새로운 큰 길을 만들어 나갈 때 함께 동참할 수 있도록 준비를 하는 것이 우리들의 공부입니다. 아무것도 모르는데 길을 틀면 우왕좌왕할 수밖에 없습니다. 그래서 이 법문을 내주면서 계속 공부시키고 있는 것입니다. 그러므로 '우리가 개인적으로 뭐를 해야 하나?' 이런 생각보다는 내 모순이 있으면 조금이라도 끌어내어 다스리고, 남 탓을 하던 잘못된 버릇이 있으면 조금이라도 다스려가는 노력을 해야 합니다. 그리고 사회를 바르게 보는 눈을 키우고 남을 헐뜯지 말고, 세상에 무엇이든지 필요해서 일들이 생기는 것이니까 자신을 공부하면서 그런 현상들을 잘 관찰하고 있으면 됩니다. 사회를 헐뜯으며 탁한 기운을 만들면 그 탁한 기운이 자신에게 온다는 사실을 알아야 합니다.

온 국민들이 일어나는 데는 얼마 걸리지 않습니다. 그리고 이 공부를 하는 데도 그렇게 많은 시간이 걸리지 않습니다. 이 대한민국 자체가 조직인데 어디를 몰려다닙니까? 제자리에서 공부하세요. 누구든지 좋은 일이 있을 것입니다. 正

정법을 알고도
그럴 사람은
없습니다!

정법강의 4268 - 4269강

사람이 미운 이유

강의일자: 2011. 01. 01.

사람이 왜 미운가? 사람이 미운 것에 대해 비유를 들자면 내가 작은 방에 갇혀있다고 합시다. 처음에 갇혔을 때는 쥐가 들락거리니까 쥐가 밉습니다. 나중에 시간이 좀 지나면 굉장히 외로워집니다. 그러면 쥐가 좋아집니다. 시간이 더 지나서 먹을 것도 떨어지고 배가 너무 고프게 되면, 쥐가 사랑스러워집니다. 쥐를 잡아먹어야 살 수 있게 되면 쥐가 맛있다는 생각이 들면서 그때부터는 쥐가 엄청나게 좋아지게 됩니다. 이것이 동물적인 것입니다.

그러면 사람이 왜 미운지 이제 조금 감이 잡히지요? 생활이 그대를 속일지라도. 생활의 어려움과 지금의 조건이 맞지 않는다든지, 나의 욕심이 이루어지게 따라주지 않는다든지, 내가 지금 잘나고 싶은데 내가 잘나도록 상대가 만들어주지 않는다든지, 이런 여러 가지의 나의 못된 것에서 상대가 미운 것입니다. 즉, 나에게 문제가 있는 것이지 상대에게 문제가 있는 것이 아니라는 사실입니다. 상대는 지금 내 앞에 있어야 되기에 있는 것인데 상대가 밉다면, 나의 실력이 모자란 것입니다. 다시 말해, 상대와 상생할 수 있는 자신을 갖추지 못한 것입니다. 상대를 잘 알지도 못하고 같이 뜻을 맞출 수 있는 실력도 못 갖춘 것입니다.

부부가 처음 만날 때는 엄청나게 좋았습니다. 처음 만날 때 안 좋아서 만난 사람은 없을 것입니다. 그러면 그때는 왜 좋았느냐? 서로 필요한 것에 도움이 될 것 같으니 좋은 것입니다. 그런데 만날 때는 내 속에 있는 아주 난해한 것은 전부 다 숨겨두고 껍데기만 슬슬 꺼내놓아 필요한 것처럼 남에게 보인 것입니다. 깊이 있는 것은 지금 꺼내놓지 않고 조금 좋은 것만 살살 꺼내어 같이 노니까 엄청나게 좋은 것입니다. 그래서 연애할 때는 엄청나게 좋은 것입니다. 왜? 안 좋은 것은 숨겨놓았기 때문입니다. 아주 나쁘게 보일 만한 것은 자꾸 숨깁니다. 그래서 집에 한번 방문하려고 하면 빨지 않은 양말 등을 보이지 않는 데에 숨겨놓고는 겉모양만 깨끗이 닦아서 보여줍니다. 그럴 정도로 약점은 하나도 보여주지 않으려고 노력합니다. 누구나 약점이 없는 것을 꺼내놓으면 합의가 잘 이루어집니다. 이렇게 해서 진짜 이해를 잘하는 것처럼 보이고 외로

움도 덜 해지기 때문에 엄청나게 좋은 것입니다.

어느 정도 성장하여 부모와 헤어질 때가 되면 부모와도 잘 맞지 않아 사이가 벌어지고 형제하고도 자꾸 부딪치니 내 편이 없는 것입니다. 그러던 차에 한 사람을 만나니 그 사람이 내 편인 것입니다. 그래서 좋은 것입니다. 이렇게 구색이 다 맞을 때 만나는 것입니다. 가족 품을 떨어질 때가 됐으니까 전부 다 떨어지도록 가족 내에서는 그 작용을 하고 있는 것입니다. 다시 말해, 서로가 티격태격하며 뜻이 안 맞게 만드는 것입니다. 그래야 떠날 수 있는 것입니다. 그렇지 않으면 가족보다 더 잘 맞는 사람이 없으니 떠나지 않고 가족끼리 매일 붙어 있고 싶어 하게 됩니다. 그래서 정 떼려는 것처럼 해서 전부 다 갈라지게 하는 것입니다.

내가 필요한 것을 상대가 가지고 있으면서 해주지 않으면 밉습니다. 나의 무거운 짐을 들어주지 않으면 미운 것입니다. 힘들 때 거들어 주지 않으면 밉고, 어깨에 힘주고 싶을 때 옆에서 거드니 밉고, 내가 내 색깔을 다 내야 하는데 상대가 들어와서 자기도 잘하려고 하니까 미운 것입니다. 꼬락서니가 딱 보기 싫은 것입니다. 이때는 일을 같이 해 주어도 밉습니다. 예를 들어, 이 사람에게 상을 들고 오고 싶은데 상대가 들고 간다고 하니까 미운 것입니다. 생색나게 내가 가져가면 참 좋겠는데 상대가 가져간다고 자꾸 하니까 꼬락서니가 딱 보기 싫은 것입니다.

상대를 미워하는 것은 내 멋대로 하고자 하는 욕심에서부터 비롯됩니다. 항상 누군가가 내 앞에 오는 것은 나에게 필요하기 때문입니다. 이것은 나를 일깨워주는 것입니다. 나에게 약점이 있을 때 그 약점을 발견할 수 있도록 상대가 오는 것입니다. '나는 이런 성격 안 가지고 있는 줄 알았는데… 이상한… 내가 이런 성격을 가지고 있었나?' 이것 역시 '생활이 그대를 속일지라도'입니다.

예를 들어, 내 수중에 200만 원 정도를 가지고 있을 때, 사람들이 와서 차茶를 십만 원어치 먹었다면 나는 전혀 흔들리지 않습니다. 30% 안으로는 흔들림이 굉장히 적습니다. 내가 가지고 있는 에너지의 30% 미만으로 쓰면서 일이 벌어질 때는 파장이 일어날 만큼 요동치지 않는다는 말입니다. 그런데 내가 가진 에너지의 70%를 쓰게 되면, 이것은 분명히 70%만큼 요동칩니다. 그러면 어떻게 되느냐? 이때는 나에게 충격이 옵니다. 우리가 몸이 아플 때 그러하듯이 70%가 탁 치고 들어오면 "아야!" 하고 병원에 가고 싶어져서 직접 찾아갑니다. 그러나 50%까지는 견딜 만해서 병원까지 가지 않습니다. 이것이 조선사람들의 특징입니다. 지금 일들도 그렇게 벌어진 것입니다.

만약 내가 200만 원이 있는데 230만 원을 지불할 일이 생기면 사람은 당황합니다. 이때 솔직하게 "내가 얼마 부족할 것 같은데 누가 좀 같이 부담해 줄 사람 있습니까?"라고 주변에 꺼내놓으면 해결할 방법이 있습니다. 그런데 그렇게 하지 않고 당황해 합니다. 그래서 똥 마려운 강아지처럼 누구에게 전화를 해 보려고 하지만 전화를 하려고 해도 아무도 생각나지 않습니다. 그러면 다 막히고 혼자서 엄청나게 어려운 이 기운을 만지기 시작합니다. 이 모든 것은 스스로 만든 것입니다.

하지만 우리가 생활이 조금 윤택하면 자세가 달라집니다. 생활이 빈곤할수록 까칠해집니다. 이 사람에게 도움 받으러 오는 분들이 왜 이렇게 성격이 날카로우냐 하면, '생활이 그대를 속일지라도' 때문입니다. 조금만 여유가 있어도 이렇게 까칠하지 않습니다. 생활이 윤택하면 사람들과 고기를 구워 먹으면서도 "내가 돼지 한 마리 살까?"라는 말도 쉽게 나온다는 말입니다. "한 마리 내가 사지 뭐!" 하면 되는데, 빈곤하면 '가만히 있어 보자. 돼지고기 다섯 근이면 얼마지?' 하며 속으로 계산부터 하게 됩니다. 참 복잡해집니다. 지금 삶이 복잡한 이유가 전부 다 뭉쳐 있기 때문입니다. 뭐를 하나 해도 계산이 들어가야 하고, 계산이 들어가면 또 계산만 하면 되는데 눈치도 봐야 하고, 눈치를 보니까 또 거기에서 뭔가 일들이 자꾸 엉키는 것입니다.
그래서 미운 것도 많이 보이고 뭔가 마음에 부딪치는 일도 많이 생기는 것입니다. 이것은 정상입니다. 하지만 이렇게 부딪치지 않으려면 어떻게 해야 하느냐?

경제가 어려워졌다면 잘난 척을 안 하면 됩니다. 답은 여기에 있습니다. 경제가 어려워진 것은 절대 잘난 것이 아닙니다. 못난 것입니다. 예전에도 주지 않았던 것이 아니라, 주었는데도 잘못 써서 일어난 일입니다. 그래서 못난 것입니다. 우리가 '버릇을 고친다'라고 하는데, 인식을 바르게 해서 고쳐야지, 인식은 잘못하고 있으면서 고치려고 하면 힘든 것입니다. 인식을 바로 한다고 해서 누가 나에게 흙탕칠을 하지 않습니다. 내가 못났다는 것을 말로도 인정하고 행동으로도 모두 인정할 때, 내가 편해집니다. 그때부터 삶의 자세가 달라지고 하는 모든 일에 대해서 즐거움도 달라지고, 모든 것이 달라집니다.

내 자신이 현재 어디에 있는가? 이것이 참 진아眞我, 나를 찾는 것입니다. 내가 지금 어떤 위치에 있는가를 정확하게 찾는 것이 참 진아를 찾는 것입니다. 이것이 나의 수행입니다. 내가 지금 어느 위치에 와 있는지를 정확하게 알 때, 그때부터 시작하는 것입니다. 그것을 찾았다면 거품을 빼야 합니다. 어려워졌다면 그 환경이 내 환경입니다. 이것을 인정하고 지금부터 노력하면 환경이 굉장히 빨리 좋아집니다. 그러나 이것을 찾지 못하고 계속 헤매고 있으면 점점 더 어려워진다는 사실입니다. 잘난 체함을 버리는 것이 수행의 근본입니다.
이 사람이 썩 잘 생긴 것은 아니지만 젊을 때 괜찮았습니다. 산에 들어

갈 때, 지금부터 20여 년 전이면 참 괜찮은 얼굴이었습니다. 산에 들어가서 무릎을 꿇고 쓰레기를 줍기 시작하면서, 왜 사람이 잘나고 싶지 않았겠습니까? 이 사람처럼 똑똑한 사람도 썩 많지 않다는 소리를 들을 때였습니다. 그런데 무릎을 꿇었습니다. 어떠한 소리도 다 듣고 어떠한 소리에도 화내지 않았고 어떠한 것도 다 씹어 삼켰습니다. 이 사람은 쓰레기에서 나오는 것만 주워 먹은 사람입니다. 십여 년 동안 그렇게 했던 것입니다. 왜? 나를 찾기 위해서. '참 나'를 찾았던 것입니다. 이 사람이 산에 죽으러 들어갔던 것은 나 잘났다고 죽으로 갔던 것입니다. 죽으러 갈 때는 못나서 죽으러 간 것이 아니라 이 세상에 내 뜻을 알아주는 사람이 없고 나와 뜻을 맞추어 세상을 살 사람이 없었기에 죽으러 갔던 것입니다. 다시 말해, 내가 잘났으니까 이생에는 나와 맞출 사람이 없어서 죽으러 갔던 것입니다.

그런데 산 속에 죽으러 가서 죽지 못했던 이유가 거기에 가서 이 사람이 얼마나 못난 사람인지를 알았기 때문입니다. 그 깜깜한 밤중에 춥고 사람 인적도 없고, 먹을 것도 없고, 나 혼자 내동댕이쳐졌을 때, 죽어도 누구 하나 간섭해 줄 사람이 없을 때, '내가 어디에 와 있는가?' 하고 '나'를 찾았기 때문에 죽지 않았습니다. 누군가가 나에게 하는 소리가 "백일만 죽지 마라. 그 다음에는 죽어도 된다."였습니다. 그래서 백일 후에 죽으려고 설산 중에서도 깜깜한 곳에 있으면서 백일 동안 '나'를 찾은 것입니다. 그러다 나도 모르게 나를 찾게 되었습니다. 세상에서 이 사람이 잘났던 것이 아니라 세상에서 제일 못났음을 알았습니다.

'못난 자가 잘난 척한 대가가 이렇게 왔구나... 잘못했습니다. 용서하십시오.' 하고 무릎을 꿇었던 것입니다. 그때부터 쓰레기를 줍기 시작했고, 들어갈 때 입은 옷 그대로 십여 년 만에 나왔습니다. 그 정도로 쓰레기와 살았습니다. 내가 잘못한 과오를 깨닫고 쓰레기를 주운 것입니다. 음식도 그 쓰레기에서 나오는 음식만 주워서 먹었습니다. 내가 쓰레기일진데 쓰레기보다 더 좋은 음식은 먹을 수도 없었습니다. 또한 누가 침을 뱉으면 그대로 받아야 했고, 욕을 하면 들어야 했고, 누가 때리면 맞아야 했고, 어떠한 소리가 들려도 나는 들어야 했고, 내가 잘난 척할 수가 없었던 것입니다. 한 마디도 내 식견으로 누구에게 말한 적이 없었습니다. 그래서 입을 닫았던 것입니다. 십여 년 동안 그렇게 있음으로써 스스로 바뀐 것입니다. 이 사람이 산에 들어가기 전에는 누구와도 대화를 하지 않았습니다. 이 사람이 말하면 무조건 그것이 맞는 것이라고 생각하고 따르지 않으면 상을 엎어 버리고 나갔습니다. 그 정도로 똑똑했던 사람입니다. 누구 말을 듣고 상의해주지도 않았습니다. 그러나 지금은 다 받아주지 않습니까?

상대를 이해시키지 못한다면 나는 그 상대에게 부족한 사람입니다. 상대를 이해시키는 사람이 되어야지 상대가 나를 이해해야 한다는 것은 아니라는 것을 알았습니다. 내가 상대를 이해시키지 못하면 나는 상대의 위가 될 수가 없고 상대로부터 존중 받을 수도 없고 존경 받을 수도 없습니다. 상대가 나를 이해해야 된다가 아니라 내가 상대를 이해시켜야 합니다. 상대를 이해시킬 수 없다면 상대가 하는 행동을 그대로 받아들이며 갈 수밖에 없는 것입니다. 그렇게 하지 않을 때 싸움이 나는 것입니다. 이렇게 하면 못난 사람이 됩니다. 자신의 못남을 스스로 인정하고 받아들일 수 있을 때 싸움은 일어나지 않습니다. 그것이 수행법입니다.

수행법을 바르게 알고 해야 합니다. 눈 감고 앉아 뭐가 보이면 수행인 줄 아는데, 그것은 수행이 아닙니다. 건방에 넘치고 있는 것입니다. 내 앞의 사람 한 명을 이해시키지 못하고 바르게 대하지도 못하면서 어떻게 다른 힘을 쓰려고 합니까? 준 것도 제대로 못 쓰면서 말입니다. 이제부터는 멀리 있는 것만 찾지 말고 작은 것일지라도 대자연이 자신의 앞에 준 조건을 잘 쓰는 지혜를 가져야 합니다. 그것을 잘 쓴다면 그 다음 미래는 분명히 보장됩니다. 이것을 지금 당장 할 수는 없더라도 이 근본 원리는 틀림이 없습니다.

내 자신을 바르게 찾는 것이 최고의 바른 수행입니다. 미래를 찾고 과거를 찾고 전생의 나를 찾는 것이 아닙니다. 전생에 왕이었을지라도 '지금 내가 어디에 떨어져 있고 무엇을 하기 위해서 어떤 위치에 있는가, 어떤 사람에게 어떠한 대접을 받고 어떠한 관계를 이루고 있는가?' 이것을 찾아야 합니다. 이것이 참 '진아眞我'를 찾는 것입니다.

전생에 옥황상제일지라도 지금 육신을 받아와 앞에 있는 사람에게 멸시를 당하고 있다면, 전생을 찾아서 뭐합니까? 자신의 현 위치를 찾아서 사람들과 바르게 지낼 수 있는 그러한 실력을 갖추어야 합니다. 이해가 됩니까?

정법강의 123강

아들, 딸이 어려워
　　　도와주고 싶은데...

강의일자: 2011. 12. 20.

QUESTION

아들, 딸이 장사를 하는데 많이 어려워 아주 딱해 보입니다. 그래서 제가 도와주고 싶은데 어떻게 하면 좋겠습니까?

아들과 딸이 장사를 하며 어렵게 사는 것은 그냥 놓아두세요. 아들, 딸은 놓아두고 나의 인생을 조금이라도 바르게 살다 가야 합니다. 다 키워 놓았으면 아이들 인생은 스스로 개척하도록 해야 합니다. 내가 재미있게 살고 있으면 자식들이 좀 잘못되었을 때 나를 찾아옵니다. 그때 내가 시키는대로 따라하면 도와주고, 따르지 않으면 도와주지 말라는 것입니다.

다른 사람을 돕는 것도 자신을 갖추어 놓아야 에너지를 주고 도와줄 수 있습니다. 내가 바닥에 있는데 자식이 잘못되어서 오면 어떻게 도와주겠습니까?

어른들이 도와줄 수 있는 것은 돈이 아닙니다. 돈은 젊은 사람이 잘 버는 것이고, 어른이 되었다면 젊은 사람이 도움을 청해 올 때 말 한마디를 잘해 주어야 합니다. 이것이 도움이 됩니다. 내가 바른 말 한마디를 해 주어 그 사람이 따르면 이것이 도움이 되어 일은 정확하게 이루어집니다. 이것이 어른의 힘입니다.

자식이 도움을 청했을 때 "내가 너에게 해줄 말이 없구나."라고 하면 부모가 갖춘 것이 없기에 몰라서 해 줄 말이 없다는 것입니다. 이러면 도움이 안 되는 것입니다. 그러나 갖추고 있으면 뭔가를 알기 시작하니까 부모가 아는 범위 내에서 도움을 받으러 옵니다. 그러면 이렇게, 이렇게 해 보라고 말할 수 있습니다. 그때 그렇게 따라하면 금방 좋아집니다. 그런데 부모가 "이렇게, 이렇게 해 봐라." 했는데 "에이, 그것은 엄마나 하구요. 나는 그런 것 안 해요." 하면 절대 부모가 도움을 줄 수 없습니다. 엄마에게 도움을 받으러 왔으면 엄마가 말하는 대로 따라야 도움이 되고, 아버지에게 도움을 받으려면 아버지가 말씀하시는 대로 따라야 도움이 되는 것입니다. 부모의 말을 따르지 않으려면 부모에게 도움을 청하러 가지 말아야 합니다.

다시 말하지만, 자식이 성장해서 사회인이 되었다면 부모는 자식을 놓아야 합니다. 자식은 놓고 부모의 모자람을 갖추며 자신의 할 일을 하고 있어야 합니다. 그러면 부모가 필요할 때 정확하게 다시 옵니다. 그때 자식에게 줄 것이 있어야 합니다. 그것이 바로 자식에게 바른 말 한마디를 해 주는 것입니다. 이것이 바로 자식을 돕는 것입니다. 돈으로 돕는 것은 자식을 죽이는 것입니다.

자기 몫의 돈은 자기에게 오게 되어 있습니다. 남의 말을 잘 듣고 잘 따르면 돈도 옵니다. 그런데 남의 말을 무시하고 엉뚱한 길로 가면 자신이 가지고 있던 것도 빼앗기게 됩니다.

정법강의 123강 아들, 딸이 어려워 도와주고 싶은데..

묻는다는 것은 도움을 받으려고 하는 것입니다. 그러면 시키는 대로 해야 부모의 도움을 받을 수 있습니다. 그러니 자식이 묻지 않으면 말을 하지 마세요. 묻지 않는데 말하는 것은 월권이고 간섭하는 것이 됩니다. 그래서 이것이 잘못되면 정확하게 부모에게 돌아옵니다. 자식이 잘못되면 자식만 애먹는 것이 아니라, 자식의 잘못이 부모에게 돌아와 부모를 친다는 말입니다. 앞으로 이렇게 하는 것은 안 됩니다.

우리가 이러한 원리를 알고, 하고 싶은 말도 참고 보여도 꾹 누르면서 자신을 갖추어야 합니다. 부모가 좋아져야지, 자식이 좋아지기를 바라지 말라는 것입니다. 부모가 좋아야 자식이 필요로 할 때 도울 수 있으니, 이것을 잊지 마십시오. 부모가 자신을 갖추어 놓지 않고 자꾸 자식 걱정만 하고 있으면 절대 자식을 도와줄 수 없습니다.

또한 자식이 아니라 어느 누구라도 나에게 도움을 청해 오면, 도움을 주어야 합니다. 내 자식에게만 주고 남에게는 주지 않으려고 하면 안 됩니다. 나에게 도움을 청하는 사람은 내가 도와야 하는 것입니다. 이제부터는 내 자식, 네 자식이 없다는 말입니다. 내 자식만 보살피고, 남의 자식은 보살피지 않는 것이 아니라 누구든 나에게 도움을 청하면 보살펴야 합니다. 이것이 공인이 되기 시작하는 것입니다. 우리가 너무

'내 자식, 내 자식' 이러면 고생보따리를 짊어져야 합니다. 그러니까 이제는 '내 자식'이라는 생각을 하지 말고 같이 더불어 산다는 생각을 해야 합니다.

내 자식이라고 생각하는 것도 21세까지입니다. 부모가 자식을 위해서 희생하는 것은 21세까지라는 것입니다. 그리고 자식이 인연법으로 온 것은 3살때까지로, 낳은 책임도 그때까지입니다. 그런데 키우다 보니 욕심을 부려서 자식을 키우는 것이지 이때부터는 세상에 던져 놓아도 절대 죽지 않습니다. 누가 키워도 키운다는 얘기입니다.
3살 때까지 젖먹이고 키우다가 어디이다 내버려도 이 아이는 잘 성장해서 절대 나를 어렵게 하지는 않습니다. 어디에서 누구에게 컸든, 커서 나를 보고 싶어서 찾아오면 좋아만 할 뿐이지 원망하지 않는다는 것입니다. 그런데 '내가 키우겠다'고 해서 키우는 것이기 때문에 잘못 키우면 그때부터는 내가 두드려 맞습니다.

그러니까 '자식을 걱정하지 말고 너나 잘하라' 이 말입니다. 내가 잘하고 있으면 자식은 스스로 잘됩니다. 하지만 내가 걱정하고 있는 한, 자식은 절대로 잘될 수가 없습니다. 자식을 걱정하면서 "스승님, 우리 아들, 딸이요..." 이렇게 찡그리면서 이야기를 하면 아들, 딸이 그렇게 찡그

정법강의 123강 아들, 딸이 어려워 도와주고 싶은데...

리며 살라고 축원하는 것입니다. 이렇게 하면 되겠습니까? 그러니 자식 걱정은 하지 말라는 것입니다. 그냥 놓아두세요.

부모가 웃으면서 축원하면 자식은 잘 됩니다. 자식 인생은 자식이 살아야지, 부모가 자꾸 간섭을 하면 자식은 부모에게 기대며 살아야 합니다. 무슨 소리인지 이해갑니까?

정법강의 157강

시어머니 모시기

강의일자: 2011. 12. 01.

QUESTION

시어머니에 대한 상처가 많은데 남편은 시어머니를 모시고 싶어 합니다. 제가 시어머니를 안 모시면 나중에 남편과 사이가 나빠지지 않을까 걱정입니다.

이 사회의 현실을 보면, 시어머니를 모시고 사는 것만이 능사가 아닙니다. 시어머니를 진정 위하는 것은 남편과 내가 잘사는 것입니다. 시어머니도 그것을 원해야 합니다. 지금은 시어머니를 모시는 것이 잘하는 것이라는 생각을 할 때가 아닙니다. 오늘날 이 사회는 며느리가 시어머니를 잘 모시려고 시집에 들어가서 사는 사회가 되어서는 안 됩니다. 남편과 얼마나 뜻을 잘 맞추어서 사는가에 초점을 맞추어야 하는 것이지 시어머니를 모시고 사느냐, 안 모시고 사느냐에 초점을 맞추는 시대가 아니라는 것입니다.

그런데 지금 남편이 바라는 대로 해 주어야 할 만큼 내가 밀리고 있다면, 남편 뜻대로 해 주어야 합니다. 그러나 남편에게 밀리지 않는 사람이라면 반대로 남편이 밀리겠죠? 내 상황을 잘 볼 줄 알아야 합니다. 내 상황이 남편에게 밀리기 때문에 남편이 바라는 대로 해 주어야만 내가 편할 것 같다면 그렇게 해야 합니다. 하지만 남편에게 나의 주장을 해서, 남편이 조금이라도 수긍할 수 있다면 내가 하고자 하는 것을 완강하게 펼치라는 것입니다. 이것이 답입니다.

오늘날의 사회에서는 부부가 얼마나 바르게 잘 사느냐가 문제가 되는 것이지, 부부가 사는 것은 접어두고 '시어머니를 모셔야 된다, 안 모셔야 된다' 이것부터 결정할 때가 아닙니다. 부부가 뜻을 잘 맞추어서 사는 것이 우선입니다. 그 다음에 서로 합의를 봐서 부모님을 모시고 살거나 아니면 부모님은 따로 사시게 하고 뒤에서 돕는 등 방법은 여러 가지가 있습니다.

남편이 원한다고 무조건 따라가는 것은 안 됩니다. 왜 그러하냐? 남편이 시어머니를 모시고 살았으면 좋겠다고 할 때, 어쩔 수 없이 시어머니와 같이 살면 분명히 트러블이 일어납니다. 그러면 같이 살지 않는 것보다 못한 상황이 정확하게 일어납니다. 뜻을 잘 맞추어서 서로가 합의점을 찾아 부모님을 모셔야지, 합의점을 찾지 않고 어쩔 수 없이 들어가서 마음에도 없는 것을 한다면 잘못된 일이 정확하게 일어납니다. 이것은 되로 주고 말로 받는 것입니다. 소탐대실하게 된다, 이 말입니다.

이런 것까지 염두에 두고 의논할 수 있다면 의논을 해서 바로 잡아야 합니다. 그러고 나서 하든, 안 하든 해야 하는 것입니다. 지금 이 사회는 논리가 맞아야지 논리에 맞지 않는 짓을 하면 정확하게 그것의 몇 배로 힘들게 살아야 합니다.

QUESTION

그런데 만약에 시어머니가 너무 연로하셔서 남의 손을 빌려야 할 형편이고 또 아들과 더 살고 싶어 한다면 그때는 어떻게 해야 합니까?

경제력이 된다면 시어머니는 시설에 보내세요. 시설에 보내는 것이 맞습니다. 사회 구조가 시설에 들어가서 활동하는 것이 좋게 되어 있기 때문입니다. 시어머니를 집에서 모시면 며느리 인생을 붙드는 것이 됩니다. 시어머니와 듀엣으로 놀아야 된다는 말입니다. 밥 해먹고, 뒷바라지하며 사는 인생으로 만들어 버리는 것입니다.

역량이 어느 정도 되는 사람이 사회활동도 하지 않고 내조도 하지 않고 그냥 노인을 돌보고 있다면, 이것은 엄청난 손실입니다. 시어머니 밥해 주고, 빨래해 주고, 수발해 주기 위해 젊은 사람의 인생을 망쳐서는 안 됩니다. 며느리가 자기 인생을 원도 한도 없이 살 수 있도록 시어머니가 스스로 지낼 수 있는 방법을 찾는 것이 좋습니다.

시설에 들어가면 여러 가지 편의 시설이 있기 때문에 경제가 되면 시설에 모시는 것이 좋습니다. 그곳에서 친구도 사귀고, 또 시중드는 사람들도 있어서 좋습니다. 그러니 서로 이런 의논을 해서 자식들이 마음 놓고 사회활동을 할 수 있게 환경을 만들어 나가야 합니다.

무조건 시부모의 수발을 들며 살아야 한다는 것은 과거 무식할 때의 생각입니다. 지금 이 사회는 아주 지적으로 살아야 되는 세상이기 때문에 경제력이 있는 사람들은 지적으로 살아야 합니다. 만약 경제력이 없다면, 질 낮은 일을 하기 때문에 돈을 벌더라도 번 돈을 시설에 다 갖다 주어야 합니다. 그러면 돈을 벌어서 다 갖다 넣는 것보다 집에서 잘 모시는 것이 훨씬 낫다는 계산이 나옵니다.

하지만 경제력이 어느 정도 된다면, 내가 해야 하는 질량의 일이 다르다는 이야기입니다. 그러면 시부모를 모시는 질량 낮은 일을 하는 것은 옳지 않습니다. 그러니까 시설에 모셔서 살기 좋은 조건을 만들어 드리고, 우리는 사회 활동을 잘해서 자주 찾아뵙는 것이 맞습니다.

QUESTION

그렇다면 만약에 맏며느리일 경우에 동서들이 "큰 며느리가 모셔야 된 다."라고 하는데, 그럴 때는 어떻게 해야 하는지요?

모실 수 있는 조건을 만들어 달라고 하세요. 그리고 만약 경제적인 여건이 되는 사람이 모셨다면, 시중드는 사람을 구하고, 나는 질 높은 사회 활동을 해야 합니다. 집에서 모신다고 하더라도 시중드는 것은 질이 낮은 일이기 때문에 이런 일을 할 사람을 들여서 하는 것이 맞습니다. 며느리라고 무조건 수발들어야 한다고 하면 아주 무식한 생각인 것입니다. 지적인 일을 못하는 사람이라면 그런 일을 하면 됩니다. 만약 며느리가 대학을 나오지 않았고 초등학교나 중학교를 나와서 사회에서 할 일이 없다면 부모님을 모시는 것이 낫습니다.

이런 것들을 이제 따져 보아야 합니다. 한 가지만 가지고 물어서 되는 것이 아니라 그 사람의 질량을 보아야 합니다. 사회에서 질량을 많이 먹고 교육을 많이 받은 사람이라면 사회에 뜻있고 보람 있는 일을 해야 하고, 사회의 질량을 많이 먹지 않고 교육을 많이 받지 않았다면 시어머니를 잘 모시는 질량의 일을 하는 것이 맞습니다.

하지만 대학교를 졸업하고 대학원을 졸업한 사람은 더 큰일 즉, 사회에서 뜻있고 보람 있는 일을 해야 합니다. 한 사람의 수발을 드는 것은 옳지 않습니다. 내 인생을 그렇게 썩히면 안 된다는 말입니다. 부모가 그것을 원해서도 안 되고 자식도 그런 짓을 해서는 안 됩니다. 이 사회를 이제 냉철하게 보아야 합니다. 내가 하는 일이 사회에 도움이 되는지, 어떤 일이 더 비중이 큰지, 어떤 것이 우리 질량에 더 맞는지 등의 잣대를 대어 볼 줄 알아야 합니다.

정법을 알고도
그럴 사람은
없습니다!

정법강의 69-70강

대형마트의 지역 상권 점령,
달동네 재개발

강의일자: 2011. 12. 11.

QUESTION

요즘 대기업들이 대형마트를 동네마다 진출시켜 영업을 하고 있습니다. 이런 대기업들의 영업 행위를 비난하는 사람들도 많은데, 우리는 이것을 어떻게 바라보아야 하는 것입니까?

정법강의 69-70강 대형마트의 지역 상권 점령, 달동네 재개발

대기업에서 대형마트를 차린다, 어디를 점령한다, 이렇게 해서 우리 살 길이 없어진다고 하는데 이것은 판단을 잘못하고 있는 것입니다. 대기업이 그렇게 한다고 욕을 하는 사람은 더 어려워집니다. 욕을 해서 어려워졌는데도 또 욕을 하면 더 어려워집니다. 대자연이 절대 용서하지 않습니다.

그리고 그렇게 한다고 대기업이 물러가지도 않습니다. 그래서 투쟁을 하여 돈을 얼마 받아내려고 하다가는 받은 돈보다 몇 배의 돈이 더 나가고 들어오는 것은 조금밖에 되지 않습니다. 보상금으로는 해결이 나지 않습니다. 우리가 뭔가 착각을 하고 있는 것입니다. 대기업이 그렇게 했을 때는 이유가 있습니다. 대자연에는 이유 없이 일어나는 일은 아무것도 없습니다.

대기업들이 왜 이렇게 할 수밖에 없느냐? 지금 대기업 총수가 하고 싶어서 그렇게 하는 것이 아닙니다. 대기업에서 일하는 지식인들이 설계를 해 주어서 하는 것입니다. 이 지식인들은 우리 자식들이고 우리 형제들입니다. 우리가 대표로 잘 키워 놓은 사람들입니다. 우리의 피와 땀을 먹여서 잘 키워 놓은 사람들이 대기업에 취직하여 어느 지역에 대형마트를 세우면 돈을 많이 벌 수 있다고 설계를 해 준 것입니다.

그런데 이 사람들이 무엇을 생각하지 못했느냐? 그들이 공부할 때, 피땀 흘려서 뒷받침해 준 부모, 형제들이 어려워진다는 것은 생각하지 못했던 것입니다. 대기업 총수가 "저곳에 마트 좀 차려보자."라고 한 적이 없습니다. 이 사람들이 설계를 해 주어서 한 것인데 국민들은 지금 대기업 총수에게 욕을 하는 것입니다.

지식인들이 대기업 총수를 이해시킨 것입니다. "이렇게 하면 동네 사람들이 물건을 싸게 구입해서 좋고, 우리에게도 득이 됩니다. 그러니까 이 동네를 위하는 것입니다." 하며 이런 프로젝트를 설계해 준 것입니다. 이 설계를 듣고 "그러면 기존의 상인들이 뭐라고 안 하겠느냐?" 하고 물으니 "기존 상인들을 너무 생각하면 안 됩니다. 지역 주민들에게 득이 되어야 하지 않겠습니까?"라고 하니 총수가 그 말을 가만히 들어보고는 한번 해 보자고 결정을 하게 된 것입니다. 전부 다 우리 형제들이 해 준 것이고, 지식인들이 설계한 프로젝트로 대기업이 대형마트를 차린 것입니다.

그런데 그곳은 우리 부모님들이 자식들을 가르치기 위해 20~30년 동안 피땀 흘려가며 일하던 곳입니다. 다시 말해, 우리를 공부시킨다며 뒷돈을 대어 주던 곳입니다. 그런데 이 사람들이 우리를 키워준 그 일터까지 훌러덩 먹는 꼴이 되어 버렸습니다. 이렇게 해서 이 사회가 어려워지는 것입니다.

정법강의 69-70강 대형마트의 지역 상권 점령. 달동네 재개발

그분들의 힘으로 지식을 갖춘 지식인들이 지금 자기 할 일을 못 찾고 있습니다. 지식을 갖추게 되면, 돈도 많이 쓰게 됩니다. 그러니 시골에서는 농사지은 것을 팔아서 자꾸 공부하도록 대어 주었는데 공부가 끝나고 와서는 그 논까지 팔아서 가 버리는 것입니다. 이런 일이 많이 벌어지고 있는데도 이 원리를 못 찾고 있습니다.

그리고 외국에 유학을 보내 공부를 시켜 놓았잖아요? 그러면 유학을 다녀와서 외국에 사는 방법과 그 나라 실정도 다 알아 놓았는 데다가 한국에 들어와 보니 마땅히 할 것도 없으니까 부모님을 살살 꼬셔서 공부시켰던 논을 팔아서 이민을 가 버립니다. 그러니 부모는 자식도 뺏기고 농사 지을 땅도 뺏기는 결과가 나오는 것입니다. 이것이 지금 대기업이 마트를 차려서 주위 상권을 전부 다 죽이는 것과 똑같은 현상입니다.

왜 이런 일이 생기는 것이냐? 지식인들이 지식을 다 갖춘 후에 지식인으로서의 설계를 해야 했는데, 그 일을 하지 못하고, 또 그렇게 보낸 기간이 너무 길어진 것입니다. 그러니까 이 사람들이 전부 다 경제인들에게 빌붙어 있습니다. 왜? 경제인들이 아니면 자기들이 쓸 돈을 줄 사람이 없기 때문입니다. 그쪽에서 로펌*law firm*비도 받고 뭐도 받고 많이 받았습니다. 받은 만큼 돈을 벌게 해 주어야 하다 보니 국민을 죽이는지도 모르고 쓸 돈을 지금 구하기 위해서 그런 설계를 해 주는 것입니다. 집에서는 이 돈을 못 주기 때문에 자기를 키워 온 동네 상권을 죽이고 기업에서 받는 것입니다. 묘한 현상들이 지금 일어나고 있습니다.

이런데도 대기업을 뭐라고 할 것이냐? 이것은 지식인인 우리 자식들이 빨리 깨어나지 못하고 자기 삶을 찾지 못해 일어나는 현상입니다. 만약 이것 때문에 자꾸 욕하고 말이 많아지면 다른 설계를 또 해 줍니다. 그러면 그때는 가게를 내놓는 것이 아니라 안방까지 내놓아야 합니다. 대기업이 근처에서 뭔가를 지으려고 하면 조금 후에 살던 집에서도 전부 쫓겨나게 됩니다. 이런 일이 계속 일어납니다. 살던 집에서 쫓겨난다고 불평을 하고 또 다른 곳에 자리 잡았는데도 계속 불평을 하면 거기에서도 쫓겨납니다. 이런 악순환을 지금 겪고 있는 것입니다.

우리 국민들의 최고 문제는 지금 일어나는 일에 입을 대거나 남을 탓하고 욕을 하는 것입니다. 그렇게 하면 어려운 일을 한 번 더 겪습니다. 이것을 겪었다고 또 욕을 하면 한 번 더 어려움을 겪게 됩니다. 국민들이 지금 온통 이 사회가 잘못한다고 욕을 하는데, 그러면 앞으로 모두 어려워집니다. 이런 짓은 하지 말아야 합니다. 이 사회가 왜 그런지를 자세히 관찰해서 스스로 정리를 해 보아야 합니다. 내 잣대로 잘못한다고 헐뜯으면 더 어려워집니다. 그러나 헐뜯지 않고 가만히 관찰하면 방법이 나와 여기서 더 무너지지 않고 어떤 길이 나옵니다.

예를 조금 더 들어 봅시다. 구멍가게를 30~40년 했는데 여기에 맛 들려서 계속 구멍가게만 하고 있으면, 그곳에서 평생 동안 감옥살이하며 살아야 합니다. 그런데 어떤 일이 생겨서 구멍가게를 싹 밀어버리면 그 일을 하지 않게 됩니다. 그러면 감옥살이에서 벗어나는 것입니다. 이것을 잘 보아야 합니다. '왜 내 터전이 이렇게 되었지?' 하며 탓을 하는 것이 아니라 이 기회에 다른 방법을 한번 찾아보아야 되겠다고 생각하면 좋은 아이디어가 나옵니다. 우리에게는 항상 기회가 있습니다. 기회의 문을 닫아 버리느냐, 여느냐는 우리 각자에게 달려 있습니다.

이제 우리는 지혜롭게 가야 합니다. 남 탓을 하는 것은 아주 낮은 버전입니다. 일어날 일이 일어난 것이고, 지금부터 여기에서 어떻게 변신할 것인지를 고민하고 노력해야 합니다. 모자란 것이 있으면 조금 더 갖추어서 더 나은 것을 해 보려고 해야 합니다. 어떻게 탓하고만 있습니까? 남을 탓하고 있으면 남 탓을 하는 바람에 지금 생각해야 될 것이 나오지 않습니다. 그래서 아이디어도 나오지 않고, 생산적인 일도 하지 못합니다. 탓하면서 자꾸 악해지고 여기에서 계속 놀다 보니까 시간만 허비하고 더 떨어지게 되는 것입니다. 그래서 어렵게 살게 됩니다.
대기업에서 그렇게 하는 것에는 다 이유가 있습니다. 그러니까 욕하며 달려들기부터 하지 말고 잘 관찰하면서 자기 자신의 길을 한번 틀어보려는 생각을 하라는 것입니다.

다른 예를 들면, 슈퍼를 한 곳에서 15~20년을 하고 있었는데 옆에 큰 가게가 들어오니까 장사가 안 되는 것입니다. 그러면 큰 가게가 들어와서 장사가 안 된다고 하는데, 그렇지 않습니다. 그곳에서 장사를 하며 동네 소비자들과 가족이 되었어야 합니다. 정도 주고 살갑게 대하면서 식구가 되었어야 하는데 그것을 못해 놓은 것입니다.

누구든 가게를 차릴 때는 손해를 보지 않으려고 몰래 시장조사를 합니다. 조사를 해 보니 기존 가게에 대한 불평이 많은 것입니다. 그러니까 새 가게를 차리면 무조건 성공하겠다고 판단한 것입니다. 노후된 것을 개선하여 깨끗하게 해놓고, 친절하게 해 주면 무조건 이곳으로 다 오겠다는 생각이 들어서 차리는 것입니다. 이렇게 하는 것은 주민을 위해서는 굉장히 좋은 일입니다. 그러나 슈퍼를 하던 사람은 그곳에서 자기 역할을 못 했기 때문에 쫓겨나야 하는 것입니다. 자기 역할을 하지 않았는데도 한 자리에서 계속 장사할 수 있게 해 준다는 것은 사회 발전을 저해하는 것이며 이 동네에도 발전이 없는 것입니다. 그 사람 하나 먹고살게 하자고 동네는 발전하지 않고 멈추어 있으라는 말입니까? 그런 것은 안 됩니다.

생각을 다시 해 보아야 합니다. 이 동네에 크고 좋은 시설이 들어온다면, '우리가 너무 머물러 있었구나. 그래서 내 터전을 스스로 뺏긴 것이

구나'라고 정확하게 자기 반성을 해야 합니다. 자꾸 우리의 상권을 잃어버렸다고 탓을 하면 정확하게 또 잃어버리게 됩니다. 거기에서 자신을 반성하고 조합을 만들어 더 잘해 보자며 힘을 모으면, 새롭게 다시 불이 붙어 일어설 수 있습니다. 어떤 경우에도 사회를 절대 욕하면 안 됩니다.

QUESTION
약간 다른 질문입니다만, 주거환경 개선사업이라고 해서 도시의 달동네를 허물고 새 아파트를 짓는 경우가 많은데, 이런 재개발을 추진할 때 달동네에 살고 있는 주민들의 불만이 많습니다. 예를 들어 보상이 적어 그 돈으로는 다른 곳에 가서 살 수 없다거나, 본인은 이주할 의사가 없음에도 억지로 나가야 되는 경우입니다. 이런 경우는 앞의 경우와 다른 것인지요?

세상은 변합니다. 그런데 변하지 않고 눌러 앉아 있으면, 정확하게 때가 되어 그 자리에서 나가게 됩니다. 대형마트가 들어오지 않아도 다른 것이 들어올 때가 되었으니 그 땅이 흔들린 것입니다. 이것을 미리 준비했어야 합니다.

달동네가 어떤 곳이냐 하면 성장하는 데에 필요한 동네입니다. 힘이 없을 때, 그래도 그곳에 들어가면 받아 주던 땅입니다. 그곳에 들어가서 기운을 차리고 자식도 키우고 살림도 일구며 살았습니다. 달동네에 들어와서 금방 쓰러지는 법이 없습니다. 달동네에 살았던 사람은 아무리 못 살아도 거기에서 몇십 년은 살았습니다. 몇십 년을 살면서 자식을 공부시키려고 그곳에서 무엇이든지 다 했습니다. 그런데 지금은 나머지 사람들만 남아 있는 것입니다. 자식들이 공부해서 성장하고 나면 다시 달동네에 들어오지 않고 모두 나갑니다. 하다못해 작은 오피스텔이라도 얻어서 나갑니다. 그렇게 해서 지금 달동네에는 공부시킨 사람들만 남아 있고, 공부한 놈은 모두 나가버렸습니다. 다시 말해 못 배운 사람들만 남아 있는 것입니다. 이런 사람들을 '나머지 오행'이라고 합니다. 뒷바라지하다가 그대로 그곳에 주저앉아 버린 사람들입니다.

이렇게 되면 부모들이 공부를 잘못시킨 것입니다. 자식들이 공부해서 밖에 나갈 때는 이분들을 모시고 깨끗한 곳으로 같이 가야 합니다. 그런데 눌러앉다 보니까 이런 꼴을 당하는 것입니다. 그 땅은 할 일을 다한 것입니다. 그 땅이 사람들을 키워낼 때가 있었지만, 그 일을 다했으면 싹 헐고 깨끗한 것으로 변화를 주어야 합니다. 땅이 궂은 일을 하고 자기 역할을 다하면 그 다음에는 맑은 땅으로 쓰입니다.

달동네는 사실 명당입니다. 그래서 힘없는 사람이 그곳에 들어와서 자식들을 키워냈던 것입니다. 그러면서 그 땅의 덕을 다 본 것입니다. 그런데 아직까지도 덕을 본 것을 모르고 그냥 먹고살면서 감사하게 여기지도 않으니, 그 땅에서 쫓겨나는 것입니다.

여기에서 커 나간 사람들이 지식을 갖추고 공부를 해서 일어서면, 자신을 키워 주신 부모님을 잘 모셔야 했던 것입니다. 그러면 부모님들이 그 땅에 크게 애착을 갖지는 않습니다. 다른 사람에게 넘기고 가든, 놓아두었다가 나중에 재개발을 한다고 하면, 잘되었다며 보상을 받고 흔쾌히 이전해 줍니다. 일단 목적을 다했기 때문입니다. 그런데 자식들을 잘못 키우다 보니까 공부를 실컷 시켜 놓았더니 혼자만 잘 먹고 잘살려고 깨끗한 집으로 이사 가고 부모만 내버려 둔 것입니다. 그리고는 명절이 되면 한 번씩 와보고, 중간에 필요한 것이 있으면 가지러 오는 것입니다. 그리고 또 인사하러 온다면서 한 번씩 들락거립니다. 그러나 그것은 핑계입니다. 자신에게 필요한 것이 없으면 안 옵니다. 인간은 참 묘한 동물입니다. 자식도 부모 집에 필요한 것이 없으면 절대 안 옵니다.

우리는 인간을 정확하게 알아야 합니다. 부모도 버리는 것이 인간입니다. 사람은 부모를 버리지 않지만 인간은 부모를 버립니다. 인간이 아직 부모를 버리지 않았다면 필요한 것이 있기 때문입니다. 아직까지 필요한 것이 있어서 의지하러 가는 것이지, 사는 형편이 좋다면 부모를 위해서 다니는 법은 없습니다. 인간은 그렇습니다. 그래서 인간人間은 사람과 동물의 중간에 있다고 해서 '사이 간間'을 쓰는 것입니다. 글을 세밀히 뜯어보면 정확하게 나옵니다.

아직까지 부모의 힘이 필요하든지, 남들 눈에 그래도 부모를 버렸다는 소리를 듣지 않으려고 가든지, 전부 다 뭔가 필요해서 가는 것이지 부모를 위해서 찾아가는 자는 없습니다. 냉철하게 보아야 합니다. 아니라고 할 사람은 정확하게 풀어 줄 테니 이 사람에게 오십시오. '사이 간間' 자를 쓰는 인간은 절대 부모를 위해서 살지 않습니다. 그래서 이런 일들이 벌어지는 것입니다.

앞으로는 부모를 위할 줄 아는 세상이 됩니다. 이것이 인본시대로, 사람이 사는 시대를 만듭니다. 그리고 진짜 효가 무엇인지 나올 것입니다. 인류에는 아직까지 효를 행한 자가 없습니다. 우리는 효를 행하려고 노력하면서 살아왔습니다. 그런데 효의 법칙이 나오지 않아서 아직까지 효를 바르게 행한 자가 없는 것입니다. 어떤 것을 효라고 정리했던 사람은 있어도 아직까지 정확한 효는 나오지 않았습니다.

이제 인본시대가 도래하면 '사람 사는 세상'이 옵니다. 이제부터 효의 법칙이 나올 것이며, 인류 최초로 효를 행하는 사람들이 나올 것입니다. 이 일이 해동 대한민국에서부터 일어납니다. 이 나라에서 진정

한 효를 일으켜 인류에 공급하게 됩니다. 바른 것이 나와야 인류에 공급되는 것이지, 아직까지는 바른 것이 아니기 때문에 인류에 퍼지지 않았던 것입니다.

앞으로 이 사람이 정확하게 효를 풀어 줄 것입니다. 우리가 이렇게 살면 전부 다 서로를 위하는 진짜 가족이 됩니다. 이렇게 될 때 이 패러다임이 얼마나 우수한 것인지를 알게 되고, 이것을 배우기 위해 우리나라로 들어오게 됩니다. 이때부터 진정한 효가 무엇인지 가르치는 시대를 열어갈 것입니다. 이해됩니까?

정법을 알고도 그럴 사람은 없습니다!